GHIDUL ESENȚIAL DE SALATE DE FRUCTE PENTRU VERILE TALE DELICIOASE ȘI RĂCORITOARE

Peste 100 de rețete sănătoase, proaspete, ușoare și gustoase

Maria Popescu

Toate drepturile rezervate.
Disclaimer

Informațiile conținute i sunt menite să servească drept o colecție cuprinzătoare de strategii despre care autorul acestei cărți a făcut cercetări. Rezumatele, strategiile, sfaturile și trucurile sunt doar recomandări de către autor, iar citirea acestei Cărți nu va garanta că rezultatele cuiva vor oglindi exact rezultatele autorului. Autorul Cărții a depus toate eforturile rezonabile pentru a oferi informații actuale și exacte pentru cititorii Cărții. Autorul și asociații săi nu vor fi făcuți la răspundere pentru orice eroare sau omisiuni neintenționate care pot fi găsite. Materialul din Cartea poate include informații de la terți. Materialele terților cuprind opinii exprimate de proprietarii acestora. Ca atare, autorul Cărții nu își asumă responsabilitatea sau răspunderea pentru orice material sau opinii ale terților.

Cartea are drepturi de autor © 2023 cu toate drepturile rezervate. Este ilegal să redistribuiți, să copiați sau să creați lucrări derivate din această Carte, integral sau parțial. Nicio parte a acestui raport nu poate fi reprodusă sau retransmisă sub nicio formă, fără permisiunea scrisă exprimată și semnată din partea autorului.

INTRODUCERE 8
SALATE TRADIȚIONALE DE FRUCTE 9
   1. Salata de fructe exotice 10
   2. Salată festivă de fructe 12
   3. Salată asiatică de fructe cu sos de papaya-mentă 14
   4. Salată fierbinte de fructe 16
   5. Salata de mango-avocado cu macadamias 18
   6. Blazing Sunset Salad 20
   7. Salata de fructe iarna 22
   8. Fructe de vară cu mentă proaspătă 24
   9. Salată de fructe cu curry 26
   10. Plato de fructe la gratar 28
   11. Salată de fructe cu căldură 30
   12. Căpșuni, Mango și Ananas 32
   13. Salată de cireșe și pepene verde 34
   14. Salată de fructe 24 de ore 36
   15. Salata de fructe de toamna 38
   16. Salata de fructe de cantalup 40
   17. Salata de fructe cu curry 42
   18. Salată de fructe persană 44
   19. Salată de fructe cu cinci căni 46
   20. Salata de fructe proaspete 48
   21. Salată de fructe arlechin 50
   22. Salata de fructe Hurricane 52
   23. Salată libaneză de fructe proaspete 54
   24. Salata de fructe jicama cu busuioc 56

25. Salată de fructe cu ghimbir 58
26. Salata de fructe cu ierburi cu sorbet de menta 60
27. Sos de papaya peste salata de fructe 62
28. Salată de fructe cu dressing de portocale 64
29. Salată de fructe cu dressing de jalapeno 66
30. Salata de fructe cu vinegreta de cirese 68
31. Salată de fructe cu sos de mac 70
32. Salată de fructe cu sos de curry-miere 72

SALATA DE FRUCTE CU LEGUME 74

33. Verde de câmp și salată de fructe 75
34. Morcovi, stafide și salată de fructe 77
35. Salată de portocale și smochine 79
36. Salata de fructe congelate 81
37. Salată de fructe și varză 83
38. Salată de iaurt de fructe și legume 85
39. Salată de fructe de ananas și chili 87
40. Salată de spanac cu fructe și miere 89
41. Salată verde și salată de fructe 91

SALATA DE FRUCTE CU MĂCURI PRINCIPALE 93

42. Pui și salată de fructe 94
43. Salată de pui, avocado și papaya 96
44. Carne de vită la curry și salată de fructe 98
45. Curcan cu curry, salată de fructe și nuci 100
46. Salată de fructe și creveți 102
47. Salată de curcan afumat cu fructe 105
48. Salată de fructe și creveți în straturi 107

49. Pui afumat și fructe exotice 109
50. Salată de fructe de afine 111
SALATE DE FRUCTE REAMY 113
51, Salată de cireșe negre cu sos de fructe dulci 114
52, Salată de fructe de varză cu sos de smântână 116
53, Salată de cireșe cu sos de iaurt 118
54, Salata de fructe cu sos de crema amaretto 120
55, cocktail de fructe marshmallow 122
56, Salată de portocale 124
57, Salată de fructe Calico 126
58, Salată cremoasă de fructe 128
59, salata de fructe Dixie 130
60, Salată cremoasă de fructe tropicale 132
61, salată de fructe în stil filipinez 134
62, Salată de fructe cu lămâie 136
63, Haupia cu salata de fructe exotice 138
64, Salată de fructe cu dressing de mentă 140
SALATA DE FRUCTE ALCOOLICE 142
65, Salată de fructe cu șampanie 143
66, Salată de fructe proaspete cu dressing de rom miere 145
67, Compot de fructe si vin 147
68, Salată caldă de fructe 149
69, Salată de fructe cu vin alb 151
70, salată de fructe din Sri Lanka 153
71, Salată de fructe Mimoza 155
72, salata de fructe Mojito 157

73, salata de fructe Margarita 159
SALATA DE FRUCTE CONGELATATE 161
   74, Cupe cu fructe congelate pentru copii 162
   75, Salată cremoasă de fructe congelate 164
   76, salata de fructe congelate a bunicii 166
   77, Pahare individuale pentru salata de fructe congelate 168
   78, Salată de fructe Jello 170
   79, salată de fructe congelată Kentucky 172
   80, Salată de fructe pentru copii 174
SALATA DE FRUCTE CU PASTE SI CEREALE 176
   81, O miere dintr-o salată de paste-fructe 177
   82, Salată de orez cu fructe și nuci 180
   83, Salată de fructe cu nuci 182
   84, Salată de fructe macaroane 184
   85, Salată de fructe cu couscous 186
   86, Salată de fructe și bulgur 189
   87, Salată de fructe cu nuci 191
   88, Salată cu fructe alb și orez sălbatic 193
   89, salata de paste și fructe de ton Joan Cook 195
   90, Salata de fructe cu mac 197
DESERTURI SALATE DE FRUCTE 199
   91, salata de fructe Ambrosia 200
   92, salata de fructe Valentine 202
   93, Salată de fructe la cuptor supremă 204
   94, Desert salata de fructe 206
   95, Salată pufoasă de fructe 209

96, Salată de fructe înghețată 211
97, Salată de fructe în mănunchiuri de crep 213
98, Salată de parfait de fructe 216
99, Salată de fructe Gumdrop..218
100, parfait glace de alune...220

CONCLUZIE 211

INTRODUCERE

Salatele de fructe sunt unele dintre cele mai sănătoase deserturi de acolo. Umplut cu fructe proaspete și un dressing delicios, toată lumea adoră acest răsfăț răcoritor. Salata de fructe este usoara si poate fi facuta in orice perioada a anului folosind fructe proaspete sau conservate la desert sau cina.

Această carte vă va arăta cum să faceți acest desert sănătos potrivit, cu cel mai bun sos pentru salată de fructe și combinații uimitoare de fructe.

Caracteristicile unei salate grozave de fructe

1. Fructe: Evident, primul lucru la care trebuie să te gândești este fructele. Puteți folosi atât fructe proaspete, cât și conserve, deși să folosiți fructele proaspete cele mai bune rezultate.
2. Dressing: Există multe moduri de a face un dressing pentru salată de fructe! Secretul unei salate extra delicioase constă în dressing!
3. Ierburi și nuci: Indiferent dacă alegeți să folosiți ierburi proaspete, coajă de citrice sau nuci mărunțite, un pic în plus ia majoritatea salatelor de fructe de la bune la grozave.
4. Fă-ți timp: salata ta va avea de suferit dacă nu îți faci timp să scurgi fructele, să îndepărtezi tulpinile, coaja, sâmburii și să cureți bine atunci când este necesar.

SALATE TRADIȚIONALE DE FRUCTE

1. Salata de fructe exotice

Randament: 4 porții

Ingredient
- 2 mango coapte, papaya sau
- 6 kiwi, -- curățați și tăiați
- 2 banane, -- curățate și tăiate
- 2 TB zahăr cofetar
- 2 TB suc de lamaie
- ½ linguriță extract de vanilie
- ¼ linguriță de pudră chinezească măcinată cu 5 condimente

- ½ zmeura
- ananas
- Zahărul de cofetarie
- Frunze de menta

Bateți zahărul, sucul de lămâie, vanilia și pudra chinezească cu 5 condimente; se ajustează după gust, adăugând mai multe sau mai puține ingrediente. Adăugați mango și zmeura și amestecați împreună.

Imediat înainte de servire, aranjați kiwi-urile într-un cerc pe marginea exterioară a fiecăreia dintre cele 4 farfurii de desert, aranjați un cerc interior de felii de banană suprapuse cu kiwi, lăsând un spațiu în centrul farfurii de desert. Se pune la mijloc zmeura si mango macerate; pudrați cu zahăr de cofetă și decorați cu frunze de mentă.

2. Salată festivă de fructe

Randament: 1 porție

Ingredient
- 1 cutie bucăți de ananas
- ½ cană de zahăr
- 3 linguri făină universală
- 1 fiecare ou, batut usor
- 2 cutii de mandarine
- 1 conserve Pere
- 3 Kiwi fiecare
- 2 mere mari
- 1 cană jumătăți de nuci pecan

Scurgeți ananasul, rezervând sucul. Pune ananasul deoparte. Turnați sucul într-o tigaie mică; adauga zahar si faina. Se aduce la fierbere. Se amestecă rapid oul; gatiti pana se ingroasa. Se ia de pe foc; misto.

Se pune la frigider. Într-un castron mare, combinați ananas, portocale, pere, kiwi, mere și nuci pecan. Turnați dressingul peste și amestecați bine. Acoperiți și lăsați la rece timp de 1 oră.

3. Salată asiatică de fructe cu sos de papaya-mentă

Randament: 6 porții

Ingredient
- ½ ananas mare; decojite, dezlipite
- 1 papaya medie; decojite, însămânțate
- ½ Cantalup mare; decojite, însămânțate
- 11 uncii lychees întregi decojite în sirop greu
- ½ cană struguri roșii fără semințe; înjumătățit
- ½ cană struguri verzi fără semințe; înjumătățit
- 1 papaya mare; decojite, însămânțate
- 5 linguri de zahăr
- 3 linguri suc proaspăt de lămâie
- 1½ lingură mentă proaspătă; tocat grosier

Se amestecă primele 6 ingrediente într-un bol mare.

Pune fructele în 6 boluri sau pahare mici

Stropiți fructele cu sos de papaya-mentă. Se presară cu nucă de cocos. Se ornează cu mentă.

Sos de papaya-mentă: piureați toate ingredientele în procesor până la omogenizare.

Transferați în bol. Acoperiți și lăsați la frigider până când sunt gata de utilizare.

4. Salată fierbinte de fructe

Randament: 6 -8

Ingredient
- 1 conserve (15 oz) de piersici feliate
- 1 cutie (15 oz) caise
- 2 linguri zahăr brun
- 1 lamaie si 1 portocala; coaja de
- 2 mere; decojite, dezlipite si taiate felii subtiri
- 2 banane coapte; feliate în diagonală

Se amestecă sucul de piersici și caise cu zahăr brun și coaja. Puneți toate fructele într-o caserolă, adăugați sucul și coaceți în cuptorul la 180°C (350F) pentru 45 minute, descoperit. Se serveste cald sau rece cu inghetata, frisca sau singur.

5. Salata de mango-avocado cu macadamias

Face 4 porții

- 1 mango ferm copt, decojit, fără sâmburi
- 2 avocado Hass coapte, fără sâmburi, decojite
- 2 linguri suc proaspăt de lămâie
- 2 lingurite nectar de agave
- $1/4$ cană nuci de macadamia zdrobite
- 1 lingura de seminte proaspete de rodie
- 1 lingură frunze de mentă proaspătă sau de coriandru

Într-un castron mare, combinați mango și avocado.

Adăugați sucul de lămâie și nectarul de agave și amestecați ușor pentru a acoperi fructele. Stropiți cu macadamias, semințe de rodie și frunze de mentă. Serviți imediat.

6. Blazing Sunset Salad

Face 4 până la 6 porții

- 2 linguri suc de lamaie
- 2 linguri nectar de agave
- 1 măr Golden Delicious, fără coajă, fără miez
- 1 banană, tăiată în felii de 1/4 inch
- piersici sau nectarine, tăiate la jumătate, fără sâmburi
- 1 cană cireșe proaspete fără sâmburi

Într-un castron mare, combinați sucul de lămâie și nectarul de agave, amestecând pentru a se amesteca. Adăugați mărul, portocala, banana, piersica și cireșele. Se amestecă ușor pentru a se combina și a servi.

7. Salata de fructe iarna

Face 4 porții

- 2 linguri ulei de nuca
- 2 linguri suc proaspăt de lămâie
- 1 lingura nectar de agave
- 1 măr Fuji, Gala sau Red Delicious, fără miez
- 1 portocală mare, decojită și tăiată
- 1 cană de struguri roșii fără semințe, tăiați la jumătate
- 1 fruct stea mic, tăiat

Într-un castron mic, combinați uleiul de nucă, sucul de lămâie și nectarul de agave. Se amestecă bine și se lasă deoparte.

Într-un castron mare, combinați mărul, pera, portocala, strugurii, fructele stelate și nucile. Stropiți cu dressing, amestecați pentru a acoperi și serviți.

8. Fructe de vară cu mentă proaspătă

Face 4 până la 6 porții

- 2 linguri suc proaspăt de portocale sau ananas
- 1 lingură suc proaspăt de lămâie
- 1 lingura nectar de agave
- 2 lingurite de menta proaspata tocata
- 2 căni de cireșe proaspete fără sâmburi
- 1 cană de afine proaspete
- 1 cană căpșuni proaspete, decojite și tăiate la jumătate
- 1/2 cană mure proaspete sau zmeură

Într-un castron mic, combinați sucul de portocale, sucul de lime, nectarul de agave și menta. Pus deoparte. Într-un castron mare, combinați cireșele, afinele, căpșunile și murele. Adăugați dressingul și amestecați ușor pentru a se combina. Serviți imediat.

9. Salată de fructe cu curry

Face 4 până la 6 porții

- ¾ cană iaurt vegan cu vanilie
- 1/4 cană chutney de mango tocat mărunt
- 1 lingură suc proaspăt de lămâie
- 1 linguriță pudră de curry blândă
- 1 măr Fuji sau Gala, fără miez și tăiat în 1/2 inch
- 2 piersici coapte, tăiate la jumătate și tăiate în 1/2 inch
- 4 prune negre coapte, tăiate la jumătate și tăiate
- 1 cană de struguri roșii fără semințe, tăiați la jumătate
- 1/4 cană nucă de cocos mărunțită prăjită, neîndulcită
- 1/4 cană migdale tăiate prăjite

Într-un castron mic, combinați iaurtul, chutney-ul, sucul de lămâie și pudra de curry și amestecați până se omogenizează bine. Pus deoparte.

Într-un castron mare, combinați mărul, piersicile, prunele, mango, strugurii, nuca de cocos și migdalele. Adăugați dressingul, amestecați ușor pentru a se acoperi și serviți.

10. Plato de fructe la gratar

Face 4 până la 6 porții

- ¹/2 cană suc de struguri albi
- ¹/4 cană zahăr
- 1 ananas, decojit, fără miez și tăiat în 1/2 inch
- 2 prune coapte negre sau violete, tăiate la jumătate și sâmburiate
- 2 piersici coapte, tăiate la jumătate și fără sâmburi
- 2 banane coapte, tăiate la jumătate pe lungime

Preîncălziți grătarul. Într-o cratiță mică, încălziți sucul de struguri și zahărul la foc mediu, amestecând, până când zahărul se dizolvă. Se ia de pe foc si se lasa deoparte sa se raceasca.

Transferați fructele pe grătarul fierbinte și puneți la grătar timp de 2 până la 4 minute, în funcție de fructe. Aranjați fructele la grătar pe un platou de servire și stropiți cu sirop. Se serveste la temperatura camerei.

11. Salată de fructe cu căldură

Face 4 porții

- ⅓ cană suc de ananas
- 2 linguri suc proaspăt de lămâie
- 1 lingura nectar de agave
- Cayenne măcinate
- 1 portocală de buric, decojită și tăiată cubulețe de 1 inch
- 1 pară coaptă, fără miez și tăiată cubulețe de 1 inch
- 1 banană coaptă, tăiată în felii de 1/4 inch
- 1/2 cani bucăți de ananas proaspete sau conservate
- 2 linguri de merisoare uscate indulcite
- 2 linguri de semințe de dovleac decojite (pepitas)
- 1 lingura menta proaspata tocata

Într-un castron mare, combinați sucul de ananas, sucul de lime, nectarul de agave și cayenne după gust, amestecând pentru a se amesteca bine.

Adăugați portocala, perele, bananele și ananasul. Se amestecă ușor pentru a se combina, se presară merișoare, semințele de dovleac și menta și se servesc.

12. Căpșuni, Mango și Ananas

Face 4 porții

- 2 cani de ananas proaspat sau conservat taiat cubulete
- 1 mango, decojit, fără sâmburi și tăiat în 1/2 inch
- 2 căni de căpșuni proaspete tăiate felii subțiri
- 1 banană coaptă
- 1/4 cană suc proaspăt de portocale
- 2 linguri suc proaspăt de lămâie
- 1 lingura zahar

Într-un castron mare, combinați ananasul, mango și căpșunile. Pus deoparte.

Într-un blender sau robot de bucătărie, piureați banana cu sucul de ananas rezervat, sucul de portocale, sucul de lime și zahărul. Se toarnă dressingul peste fructe, se amestecă ușor pentru a se combina și se servește.

13. Salată de cireșe și pepene verde

Face 4 până la 6 porții

- ¹/3 cană suc proaspăt de portocale
- 1 lingură suc proaspăt de lămâie
- 1 lingurita extract pur de vanilie
- 1 lingurita zahar
- 4 căni de cuburi de pepene verde fără semințe sau bile
- 2 căni de cireșe proaspete fără sâmburi
- 1 cană de afine proaspete

Într-un castron mare, combinați sucul de portocale, sucul de lime, vanilia și zahărul. Adăugați pepenele verde, cireșele și afinele. Se amestecă ușor pentru a se combina și a servi.

14. Salată de fructe 24 de ore

Randament: 16 porții

Ingredient
- 2 cutii medii de bucate de ananas
- Cutie de 6 uncii sau suc de portocale, congelat
- 1 pachet budincă de lămâie instant
- 3 banane, feliate
- 1 conserve Pere
- 2½ kilograme Cutie de caise
- 2½ kilograme Cutie de piersici
- 1 conserve de mandarine, scurse

Scurgeți ananasul și dizolvați sucul de portocale în sucul de ananas. Amestecați budinca instant în suc, bananele feliate, perele, caisele și piersicii (în bucăți de dimensiuni).
Adăugați portocalele scurse și ananasul. Se amestecă și se lasă să stea 24 de ore la frigider.

15. Salata de fructe de toamna

Randament: 8 porții

Ingredient
- 2 mere rosii delicioase
- 1 banane feliate
- 1 măr Granny Smith
- 2 pere Bartlett
- $\frac{1}{2}$ lb. struguri roșii
- $\frac{1}{2}$ c. așchii de migdale -- prăjită 1 c. iaurt de vanilie
- 1 lingura scorțișoară
- $\frac{1}{4}$ linguriță. ghimbir de pamant
- $\frac{1}{2}$ linguriță. nucșoară
- 1 TB cidru de mere

Spălați și curățați merele și perele, decojind dacă doriți. Tăiați în bucăți de un inch. Tai banane felii de $\frac{1}{2}$" grosime. Spălați strugurii și tăiați în jumătate. Combinați fructele și migdalele într-un castron de salată. Amestecați iaurtul cu condimentele și cidru.

Se toarnă peste salata de fructe și se amestecă pentru a acoperi fructele uniform. Chill.

16. Salata de fructe de cantalup

Randament: 6 porții

Ingredient
- câte 2 Med. Cantalupi
- 1 ananas mare de fiecare
- 1 cană Stafide
- 1 cană nucă de cocos proaspătă mărunțită
- 1 cană nuci tăiate mărunt
- 1 măr mare de fiecare
- 1 cană iaurt cu conținut scăzut de grăsimi

Tăiați pepenii galbeni în bucăți mici și amestecați cu toate celelalte fructe și nucile într-un castron mare de salată. Scoateți iaurtul în boluri individuale și treceți salata de fructe. Amestecați pentru a acoperi și mâncați.

17. Salată de fructe cu curry

Randament: 6 porții
Ingredient
SALATĂ
- 1 pepene galben mic
- 1 ananas proaspăt
- ½ ardei gras portocaliu

ÎMBRACȚIE
- ⅓ cană suc proaspăt de portocale
- 1 lingurita Miere
- 1 lingurita mustar granulat
- ½ linguriță Hrean preparat
- ¼ linguriță pudră de curry
- Sare si piper proaspat macinat

Tăiați pepenele galben în jumătate și îndepărtați semințele. Tăiați în optimi și îndepărtați coaja. Tăiați pepenele galben în bucăți mici, de dimensiuni mici. Folosind un cuțit de oțel inoxidabil, îndepărtați partea de sus și de jos a ananasului, apoi puneți-l în poziție verticală și tăiați coaja exterioară. Tăiați ananasul în sferturi de sus în jos și îndepărtați miezul.
Tăiați ananasul în bucăți mici, de dimensiuni mici.
Într-un castron de servire, amestecați fructele și ardeiul portocaliu. Păstrați acoperit și răcit până când este gata de servire.
Într-un castron mic, amestecați sucul de portocale, mierea, muștarul, hreanul, praful de curry și sare și piper, după gust. Când este gata de servire, turnați dressingul peste fructe și amestecați bine.

18. Salată de fructe persană

Randament: 6 porții

Ingredient
- 2 portocale fără semințe; decojite și dezlipite
- 2 mere; decojite; miezat
- 2 banane; feliate
- 2 căni curmale fără sâmburi; tocat;
- 1 cană smochine uscate; tocat; sau caise
- 1 cană suc de portocale
- 1 cană migdale; tocat

Puneți fructele în bolul de servire. Se toarnă suc de portocale peste fructe și se amestecă ușor. Se ornează cu migdale sau nucă de cocos. Acoperiți și răciți câteva ore înainte de servire.

19. Salată de fructe cu cinci căni

Randament: 8 porții

Ingredient
- 11 uncii Cană de mandarine, scurse 13½ uncie Cană bucăți de ananas, scurse
- ½ cană suc de ananas
- 1½ cană de bezele miniaturale
- 2 cani de smantana
- 3½ uncie nucă de cocos în fulgi
- 1 cană struguri/cireșe pentru decor

Combinați toate ingredientele, cu excepția garniturii, și răciți câteva ore sau peste noapte. Se servesc pe cupe de salata verde garnisita cu struguri sau cirese.

20. Salată de fructe proaspete

Randament: 10 porții

Ingredient
- ½ kilograme Creamette scoici medii; nefierte
- 1 cutie (8 oz) de iaurt simplu cu conținut scăzut de grăsimi
- ¼ cană suc de portocale concentrat congelat
- 1 cutie de suc bucatele de ananas; drenat
- 1 portocală mare; decojite, secționate și însămânțate
- 1 cană struguri roșii fără semințe; tăiate în jumătăți
- 1 cană struguri verzi fără semințe
- 1 măr; tăiate miez și tocate, tăiate în jumătăți
- 1 banană; feliate

Pregătiți cojile Creamette conform instrucțiunilor pachetului; scurgere. Într-un castron mic, amestecați iaurtul și concentratul de suc de portocale. Într-un castron mare, combinați ingredientele rămase. Adăugați amestecul de iaurt; arunca pentru a acoperi.
Acoperi; se răcește bine.

Se amestecă ușor înainte de servire. Pune resturile la frigider.

21. Salată de fructe arlechin

Randament: 4 porții

Ingredient
- 1 pepene galben copt de mărime medie
- 125 grame căpșuni; (4 uncii)
- 125 grame struguri verzi sau negri fără semințe;
- 1 cutie bucăți de ananas în suc natural
- 1 banană
- 2 portocale
- 1 măr de mâncare cu coajă roșie

Pune pepenele galben într-un castron mare de servire. Tăiați toate căpșunile mari în jumătăți sau sferturi. Adăugați la cuburile de pepene galben.

Spălați și tăiați strugurii în jumătate pe lungime. Puneți în bolul de servire. Deschideți cu grijă bucățile de ananas și turnați-le în bolul de servire cu sucul.

Curățați banana și tăiați-le în felii groase de 1 cm ($\frac{1}{2}$ inch). Amestecați aceste felii în amestecul de fructe.

Spălați și tăiați mărul în sferturi, îndepărtați miezul și tăiați în felii groase sau bucăți, amestecați în amestecul de fructe.

Acoperiți și lăsați salata de fructe la frigider timp de 30-60 de minute.

22. Salata de fructe de uragan

Randament: 6 porții

Ingredient
- 1 cană banane tăiate felii
- 1 cană secțiuni de portocale, proaspăt decojite
- ½ cană căpșuni tăiate felii
- 1 cană bucăți de ananas proaspăt
- ½ cană de fructe Kiwi feliate, decojite
- 1 cană iaurt simplu
- 1 cană bile de cantalup
- ⅓ cană curmale tocate
- 2 linguri Nucă de cocos mărunțită
- 6 frunze de salata verde

Se amestecă toate ingredientele, cu excepția nucii de cocos și a salatei. Acoperiți și lăsați la rece timp de 1-2 ore. Puneți frunzele de salată verde pe o farfurie, puneți amestecul pe frunzele de salată verde și decorați cu nucă de cocos.

23. Salată libaneză de fructe proaspete

Randament: 1 porție

Ingredient
- 1 pepene copt
- ½ ananas proaspăt
- 1 până la 2 portocale
- Măr, pere sau căpșuni
- 2 banane coapte

Mod de preparare: Scoateți pepenele galben din coajă și cubulețe. Tăiați ananasul în bucăți. Curățați și tăiați portocalele, îndepărtând toată membrana albă, tăiați-le în bucăți cu foarfecele de bucătărie. Aruncați fructele împreună.

Dacă fructele sunt drăguțe și coapte, sucurile naturale vor oferi multă dulceață, așa că nu va fi nevoie de zahăr. Tăiați cubulețe mărul sau perele și, dacă folosiți fructe de pădure, spălați-le și decorticați-le. Adăugați la amestecul de fructe. Chiar înainte de servire, curățați, feliați și adăugați banana. Amesteca bine.

24. Salata de fructe jicama cu busuioc

Randament: 6 porții

Ingredient
- 1 cană struguri, roșii, fără semințe
- 1 cană Struguri, verzi, fără semințe
- 1 cană Cantalup, miere sau mango; cuburi
- 1 cană bucăți de ananas, proaspete
- 1 portocală; decojite, feliate și tăiate în sferturi
- 1 nectarină; cuburi
- ½ cană căpșuni; înjumătățit
- ½ cană Jicama; decojite, tăiate în bucăți de bețișoare de chibrit
- ¼ cană suc de portocale
- 1 lingura Busuioc, proaspăt; tocat SAU
- 1 lingurita Busuioc, uscat; zdrobit
- Izvoare de busuioc, optional

Într-un castron de mărime medie, combinați toate ingredientele, cu excepția crenguțelor de busuioc; amestecați ușor. Pentru a servi se ornează cu o crenguță de busuioc.

25. Salată de fructe cu ghimbir

Randament: 8 porții

Ingredient
- 2 piersici proaspete
- 1 pepene galben întreg
- 3 md prune
- ½ pepene galben integral
- ½ lb. struguri verzi și roșii
- ½ cană suc proaspăt de lămâie
- 1 linguriță coajă de lămâie
- ¼ cană miere
- ½ cană rădăcină de ghimbir confiat

Pregătiți toate fructele prin spălare, curățarea dacă doriți, îndepărtarea sâmburilor și tăierea în bucăți mici. Pepenii pot fi scoși cu o mașină de pepene, dacă se dorește.

Combinați toate fructele într-un castron mare de ceramică.

Amestecați sucul de lămâie, coaja, mierea și ghimbirul împreună. Turnați peste fructe, aruncați și marinați timp de cel puțin șase ore. Se serveste rece sau la temperatura camerei.

26.Salata de fructe cu ierburi cu sorbet de menta

Randament: 4 porții

Ingredient
- 2 portocale; decojite si feliate
- 1 grapefruit; decojite si impartite
- 1 para mare; decojite, dezlipite
- 250 de grame de struguri fără semințe
- 300 mililitri suc proaspăt de portocale
- 1 lingura de cimbru tocat
- 1 lingura balsam de lamaie tocat
- 1 lingurita de menta tocata
- Frunze de mentă proaspătă
- 4 linguri de sorbet de menta

Se amestecă toate fructele și se toarnă peste el sucul.

Se amestecă ierburile tocate și se lasă la rece câteva ore înainte de servire.

Serviți fiecare ajutând cu câte o linguriță de sorbet de mentă în mijloc și puțină smântână dacă doriți, și decorați desertul cu câteva frunze de mentă.

27. Sos de papaya peste salata de fructe

Randament: 1 porție

Ingredient
- 1 Papaya; decojite, sămânțate și tăiate în bucăți
- ¾ cană nectar de papaya la conserva
- 2 linguri otet de vin de orez
- 2 lingurițe de ghimbir proaspăt; Tocată
- 1 lingura de zahar
- ⅓ cană ulei de măsline
- Fructe proaspete asortate; feliate
- 1 buchet Menta; tocat fin

Într-un blender, combinați papaya, nectarul, oțetul, ghimbirul și zahărul și amestecați până la omogenizare. Cu motorul pornit, turnați ulei de măsline în jet lent și constant, până când se încorporează. Se toarnă într-un castron, se amestecă menta și se da la frigider, acoperit până când este gata de utilizare.

Se toarnă peste fructe proaspete și se ornează cu frunze de mentă.

28. Salată de fructe cu dressing de portocale

RANDAMENTE: 8 - 10 PORȚII

Ingrediente pentru dressing
- 1/4 c. Miere
- 1/4 c. suc de portocale proaspat stors
- Zest de 1 lămâie

Pentru salată
- 1 lb. căpșuni, decojite și tăiate în sferturi
- 6 oz. afine
- 6 oz. zmeura
- 3 kiwi, curatati de coaja si feliati
- 1 portocală, decojită și felii tăiate în jumătate
- 2 mere, decojite si tocate
- 1 mango, decojit și tocat
- 2 c. strugurii

Directii
Într-un castron mic amestecați mierea, sucul de portocale și coaja de lămâie. Adăugați fructele într-un castron mare și turnați peste dressing, amestecând ușor pentru a se combina.

Se da la rece până când este gata de servire

29. Salată de fructe cu sos de jalapeno

Randament: 6 porții

Ingredient
- ½ pepene galben mic
- 1 papaya mare copt, decojit
- 1 galță Căpșuni cu tulpină și decorticate
- 1 conserve Bucăți de ananas scurse

Dressing cu citrice Jalapeno
- ⅓ cană suc de portocale
- 3 linguri suc de lime
- 3 linguri menta proaspata tocata, busuioc
- 2 ardei Jalapeno fără semințe, tocați
- 1 lingura Miere

Scoateți semințele de pepene galben. Îndepărtați fructele din coajă cu pepene galben sau tăiați în felii. Scoateți coaja și tăiați în cuburi. Puneți într-un bol mare.

Adăugați fructe și dressing. Se amestecă ușor pentru a se combina. Se serveste imediat sau se acopera si se da la frigider pana la 3 ore. Se ornează cu mentă.

COMBINAȚI Se amestecă într-un castron mic și se amestecă bine

30. Salata de fructe cu vinegreta de cirese

Randament: 1 porție

Ingredient
- 3 linguri otet de cirese uscat
- 4 linguri ulei vegetal
- ¼ lingurita Sare
- ¼ lingurita piper negru macinat
- 1 cană cireșe uscate
- 1 măr mic Granny smith subțire
- 1 portocala mica decojita si taiata
- ¼ cană caju sărate întregi
- 1½ cană andive belgiană
- 1½ cană de spanac
- 1½ cană Salata Boston

Pentru dressing, amestecați oțetul, uleiul, sarea și piperul. Aranjați verdețurile pe farfuria de servire; adăugați cireșe, fructe și caju. Serviți cu dressing de vinaigretă.

Pentru vinaigretă: Combinați 1 cană de cireșe uscate cu 2 căni de oțet de vin alb într-un recipient de sticlă. Se acoperă și se lasă la macerat timp de 2 zile la temperatura camerei.

Se încălzește până la punctul de fierbere, se strecoară prin pânză. Se răcește și se păstrează într-un recipient închis ermetic.

31. Salata de fructe cu sos de mac

Randament: 6 porții

Ingredient
- 1 cutie (11 oz) segmente de mandarină; drenat
- 1 cutie (8 oz) bucate de ananas; drenat
- 1½ cană căpșuni tăiate felii
- ¼ cană sos cu semințe de mac
- Frunze de salata verde

Într-un castron mediu, combinați toate ingredientele, cu excepția frunzelor de salată verde; arunca pentru a acoperi.

Serviți salata pe farfurii individuale tapetate cu salată verde.

32. Salată de fructe cu sos de curry-miere

Randament: 4 porții

Ingredient
- 1 mango copt; decojite și tăiate cuburi
- 4 căni de ananas proaspăt tocat
- ¼ cană suc proaspăt de lămâie
- 1 cană iaurt simplu sau vanilie cu conținut scăzut de grăsimi
- 2 linguri Miere
- ¼ linguriță pudră de curry; (optional)
- ½ cană zmeură proaspătă
- ⅓ cană nucă de cocos prăjită pentru decor

Puține lucruri sunt atât de simple și răcoritoare ca această salată de fructe de mango, ananas și zmeură. Acoperiți-l cu un sos inventiv de miere și iaurt, aromat cu o notă de pudră de curry și veți face un lucru bun și mai bun.

Într-un castron mediu, combinați mango și ananas. Se amestecă cu suc de lămâie. Într-un castron mic, amestecați iaurtul, mierea și praful de curry dacă utilizați. Pentru a servi, împărțiți fructele în 4 farfurii de servire. Se presară cu zmeură și nucă de cocos și se servește sosul de iaurt în parte.

SALATA DE FRUCTE CU LEGUME

33. Verdețuri de câmp și salată de fructe

Randament: 1 porție

Ingredient
- 2 mere rosii delicioase
- 2 mere Granny Smith
- 1 cană bucăți de nucă
- 4 uncii. Brânză de capră din Texas
- Vinaigretă cu zmeură cumpărată din magazin
- Verzi de câmp

Aruncați verdețurile de câmp cu bucățile de nucă. Tăiați merele și brânza de capră în bucăți subțiri și apoi aranjați-le atractiv deasupra salatei.

Serviți cu dressing de zmeură pentru o salată de fructe delicioasă.

Stropiți merele cu suc de lămâie pentru a nu se rumeni.

34. Morcovi, stafide și salată de fructe

Randament: 1 porție

Ingredient
- 1 kg Curățare; morcovi întregi
- 1 măr mic spre mediu; sferturi
- ¼ ananas proaspăt; tăiate în bucăți
- 1 cutie de stafide de mărimea gustării

Folosind un storcator, procesați morcovi întregi și mărul și ananasul

Răzuiți pulpa într-un castron și amestecați bine pentru a combina cele trei ingrediente diferite. Adăugați stafidele, apoi adăugați cât de mult este necesar din sucul obținut din ingrediente pentru a umezi salata.

Se răcește bine și se servește rece.

35. Salata de portocale si smochine

Face 4 porții

- 3 portocale, curatate si tocate
- $1/2$ cană smochine proaspete sau uscate tocate grosier
- $1/2$ cană nuci tocate
- 3 linguri fulgi de cocos indulcit
- 1 lingura suc proaspat de lamaie
- 1 lingurita zahar
- 2 linguri cirese uscate indulcite

Într-un castron, combinați portocalele, smochinele și nucile. Adăugați nuca de cocos, sucul de lămâie și zahărul. Se amestecă ușor pentru a se combina. Se presară cu cireșe și se servește.

36. Salata de fructe congelate

Randament: 6 porții

Ingredient
- 1 Plic gelatină fără aromă
- ½ cană apă clocotită
- 16 uncii Cocktail de fructe în sirop
- ½ cană maioneza sau Miracle Whip
- 2½ cană frișcă îndulcită

Încorporați ¾ de cană de bezele în același timp cu frișca, dacă doriți

Se dizolvă gelatina în apă clocotită. Se răcește ușor, apoi se amestecă în cocktail de fructe și maioneză.
Se da la frigider 10 minute. Incorporati frisca.

Se toarnă într-o tavă mică de pâine sau într-o tavă de copt și
îngheța. Tăiați sau tăiați în pătrate și serviți pe salată verde.

37. Salată de fructe și varză

Randament: 6 porții

Ingredient
- 2 portocale; tăiate și secționate
- 2 mere; tocat
- 2 căni de varză verde; mărunțită
- 1 cană struguri verzi fără semințe
- ½ cană smântână pentru frișcă
- 1 lingura de zahar
- 1 lingura suc de lamaie
- ¼ lingurita Sare
- ¼ cană sos de maioneză/salată

Puneți portocalele, merele, varza și strugurii într-un castron.

Bateți smântâna pentru frișcă într-un bol răcit până se întărește. Îndoiți frișca, zahărul, zeama de lămâie și sarea în maioneză.

Se amestecă în amestecul de fructe.

38. Salată cu iaurt de fructe și legume

Randament: 4 porții

Ingredient
- 2 medii Mănâncă mere; miez și tocat
- 2 morcovi medii; decojite, feliate subțiri
- 1 ardei verde mediu; însămânțate și tocate
- 6 uncii bucăți de ananas proaspăt sau
- Bucăți de ananas conservate
- 6 uncii iaurt simplu
- 3 linguri suc de portocale
- 1 lingura suc de lamaie
- Ciupiți de sare
- Scorțișoară; a orna

Combinați merele, morcovii, ardeii și ananasul și amestecați bine.

Amestecați iaurtul, sucul de portocale și de lămâie și sarea.

Se pune salata în acest dressing, se răcește și se servește cu scorțișoară pudrată deasupra.

39. Salată de fructe de ananas şi chili

Randament: 1 porție

Ingredient
- 1 ananas copt
- 1 Rodie întreagă cu sâmburi despărțiți
- 2 Tei; suc de
- 100 mililitri de apă rece
- 50 de grame de zahăr tos
- 1 ardei iute roșu tocat mărunt
- Puține frunze rupte de busuioc proaspăt

Intr-o cratita mica se incinge apa si zaharul pana se dizolva.

Se ia de pe foc si se lasa la racit.

Adăugați în lichid ardeiul iute și semințele de rodie. Între timp, curățați și tăiați ananasul în bucăți mari și adăugați-l în salata de fructe cu sucul de lămâie.

Pune salata într-un castron la frigider pentru câteva ore pentru a se răci.

Inainte de servire adaugati frunzele de busuioc rupte pentru a da o prospetime minunata salatei de fructe.

40. Salată de spanac cu fructe și miere

Randament: 6 porții

Ingredient
- 8 cesti frunze proaspete de spanac impachetate
- 2 cani de bile de cantalup
- 1½ cană căpșuni proaspete tăiate în jumătate
- 2 linguri dulceata de zmeura fara seminte
- 2 linguri otet de vin alb de zmeura
- 1 lingura Miere
- 2 lingurite ulei de masline
- ¼ cană nuci de macadamia tocate

Combinați spanacul, bilușele de pepene galben și jumătățile de căpșuni într-un castron mare; arunca usor.

Combinați gemul și următoarele 3 ingrediente într-un castron mic; se amestecă cu un tel până se omogenizează. Stropiți peste amestecul de spanac și amestecați bine.

Se presară cu nuci.

41. Salata verde si salata de fructe

Randament: 14 porții

Ingredient
- 3 conserve de mandarine; drenat
- 3 Grapefruit, roz; decojite, însămânțate
- 6 capete de salata verde; rupte în bucăți de mărimea mușcăturii
- $\frac{1}{4}$ cană ceapă; tocat
- $\frac{3}{4}$ cană oțet, tarhon
- 2 linguri ulei vegetal
- $2\frac{1}{2}$ linguri de semințe de mac
- 1 lingura zahar
- 1 lingurita Sare
- 1 lingurita mustar uscat
- $\frac{3}{4}$ cană ulei vegetal

Combinați mandarinele, secțiunile de grepfrut și salata verde într-un castron mare de salată; arunca usor. Serviți cu sos de mac.

Dressing cu semințe de mac: Combină primele 7 ingrediente într-un recipient de blender electric; amesteca bine. Adăugați încet $\frac{3}{4}$ de cană de ulei vegetal, continuând să amestecați până când se îngroașă. Se toarnă într-un borcan cu un capac etanș și se răcește. Agitați bine înainte de servire.

SALATA DE FRUCTE CU MĂCURI PRINCIPALE

42. Pui si salata de fructe

Randament: 4 porții

Ingredient
- 1¼ kg piept de pui dezosat, decojit și tăiat în fâșii de 1/2 inch
- 2 linguri de unt
- 1 lingurita Sare
- ½ lingurita Piper
- 2¼ cană căpșuni, tăiate la jumătate
- ¾ cană muguri de fasole
- 2 lingurite de ghimbir cristalizat tocat
- 1 lingurita ghimbir macinat
- 1 lingura otet de busuioc
- 1 lingura sos de soia
- ⅛ linguriță de sare
- ⅛ linguriță de piper Cayenne
- 2 linguri ulei de masline

Soteți fâșii de pui în unt timp de 8 minute, amestecând des. Asezonați cu sare și piper; se scot din tava si se scurg pe prosoape de hartie. Lasa sa se raceasca.

Combinați căpșunile, mugurii de fasole, puiul răcit și ghimbirul tocat într-un castron de salată. Într-un castron separat, combinați ghimbirul măcinat, oțetul, sosul de soia, sarea și piperul cayenne. Adăugați ulei, amestecați ușor salata cu dressing.

Acoperiți salata și lăsați să stea 10 minute la temperatura camerei înainte de servire.

43. Salată de pui, avocado și papaya

Randament: 1 porție

Ingredient
- 6 jumătăți braconați piept de pui dezosat
- 2 papaya coapte decojite și tăiate felii subțiri
- 2 avocado coapte decojite și feliate subțire
- 4 linguri suc proaspăt de lămâie
- Pulpa de 1 fruct copt al pasiunii
- ½ cană ulei vegetal
- Coaja razuita fin a 1 Lime
- Sare piper
- 2 3 linguri. Miere
- ½ cană nuci pecan tocate grosier

Tapetați 6 farfurii de salată cu salată verde. Tăiați orice grăsime rămasă pe pui.

Tăiați puiul în bucăți de mărimea unei mușcături.

Alternați pui, avocado și papaya pe farfurii

Se amestecă sucul de lămâie, pulpa, uleiul, coaja, sare, piper și miere.

Peste fiecare salată puneți dressingul

Se presară cu nuci pecan.

44.Carne de vita la curry si salata de fructe

Randament: 4 porții

Ingredient
- 12 uncii Deli friptură de vită; feliate de 1/4 inch grosime
- 1 măr mare; tăiați în bucăți de 1/2 inch
- 2 piersici mici; în bucăți de 1/2 inch
- ¾ cană țelină tocată
- 1 ceapa verde; feliate
- 1 cană iaurt simplu fără grăsimi
- 1½ lingură chutney tocat
- 1 lingurita pudra de curry
- Boston sau salată verde
- 2 linguri migdale taiate

Stivuiți felii de vită; tăiați pe lungime în jumătate, apoi transversal în fâșii de 1½ inch lățime. Într-un castron mare, combinați carnea de vită, mărul, nectarinele, țelina și ceapa verde.
Într-un castron mic, combina iaurtul, chutney-ul și praful de curry până se omogenizează bine.
Se adaugă la amestecul de carne de vită și se amestecă.
Acoperiți și lăsați la frigider cel puțin o oră.
Pentru a servi, aranjați salata verde pe platoul de servire; acoperiți cu amestec de carne de vită.
Se presară migdale

45. Curcan cu curry, salată de fructe și nuci

Randament: 4 porții

Ingredient
- ½ cană Chutney
- 1 lingurita pudra de curry
- ½ linguriță de ghimbir măcinat
- ⅓ cană iaurt simplu
- 2½ cană de curcan; gătit, mărunțit
- 1 papaya mare; tăiate în jumătate, fără semințe, decojite și feliate
- 3 Kiwi; curățați, tăiați pe lungime în jumătate
- ¼ cană migdale tăiate albite; prăjită
- Frunze proaspete de spanac; spalarea tulpinii, bine scursa
- 4 coji de salată de tortilla

Se amestecă chutney-ul, pudra de curry și ghimbirul într-o cratiță mică. Se aduce la fierbere la mediu
căldură. Gatiti, amestecand ocazional, 2-3 minute

Se răcește ușor. Se amestecă iaurt. Puneți dressingul într-un castron mare; adauga curcan.

Dați la frigider câteva ore. Coaceți cojile de salată de tortilla conform instrucțiunilor de pe ambalaj. Adăugați papaya, kiwi și migdale în amestecul de curcan. Tapetați bolurile de tortilla răcite cu frunze de spanac. Umpleți fiecare coajă cu amestec de curcan.
Serviți imediat.

46. Salată de fructe și creveți

Randament: 4 porții

Ingredient

- 2 cani fructe asortate feliate
- 2 linguri ulei
- 1 Șoală, feliată subțire
- 3 catei de usturoi, feliati subtiri
- Sucul unui lime
- 1 lingurita sare Kosher
- 1 lingurita zahar, sau dupa gust
- ¼ cană de creveți gătiți
- 2 linguri Arahide prajite tocate
- 1 chili roșu proaspăt, fără semințe și mărunțit fin

Tăiați fructele în bucăți de mărimea unei mușcături. Dacă folosiți pomelo, curățați secțiunile individuale și despărțiți-le în boabe de mărimea unei sămânțe de struguri. Dacă strugurii conțin semințe, despicați și sămânțați-le. Aruncați felii de mere sau pere în puțin suc de citrice pentru a le împiedica să se oxideze.

Într-o tigaie sau o cratiță mică, încălziți uleiul la foc mic și prăjiți ușor eșapa și usturoiul până se rumenesc ușor. Scoateți și scurgeți pe prosoape de hârtie.

Într-un castron mediu, combinați sucul de lămâie, sarea și zahărul (dacă este folosit) și amestecați pentru a se dizolva. Adăugați fructele, creveții și jumătate din usturoi și eșapa și amestecați pentru a se acoperi uniform cu dressing. Gustați și ajustați condimentele dacă este necesar. Se transferă în vasul de servire și se ornează cu usturoi și eșaotă rămase, alune și chile.

47. Salată de curcan afumat cu fructe

Randament: 6 porții

Ingredient
- 6 uncii Mostaccioli; nefierte
- 2½ cană piept de curcan afumat; tăiate în fâșii
- 1½ cană de cantalup; cuburi
- ⅓ cană ceapă verde; feliate
- 1½ cană căpșuni; feliate
- ½ cană migdale tăiate; prăjită
- ⅓ cană suc de lămâie
- ¼ cană de ulei
- ¼ cană Miere
- ½ linguriță coajă de lămâie rasă

Pentru a prăji migdale, întindeți nuci pe o foaie de prăjituri; Coaceți la 350~ timp de 5-10 minute sau până când devine auriu, amestecând din când în când.

Gătiți Mostaccioli până la nivelul dorit, conform instrucțiunilor de pe ambalaj. Scurgere; clătiți cu apă rece. Într-un castron mare, combinați toate ingredientele pentru salată, cu excepția căpșunilor și nucilor; arunca. Într-un borcan cu un capac etanș, combinați toate ingredientele pentru dressing; agită bine. Se toarnă peste salată; arunca pentru a acoperi. Acoperi; da la frigider 1-2 ore pentru a amesteca aromele, amestecand din cand in cand. Chiar înainte de servire, amestecați ușor căpșunile și migdalele.

48. Salată de fructe și creveți în straturi

Randament: 4 porții

Ingredient
- 1 pepene galben copt; sferturi si seminte
- 1 mango mare copt; decojite si feliate
- 200 de grame de creveți extra-mari; decongelat
- 4 linguri iaurt natural grecesc
- 1 lingură piure de roșii sau uscate la soare
- 2 linguri de lapte
- Sare și piper negru proaspăt măcinat
- 2 linguri coriandru proaspat tocat

Scoateți carnea de pe sferturi de pepene galben într-o singură bucată și tăiați-o pe lățime în 4-5 felii. Strat de pepene galben cu mango feliat pentru a forma un semicerc pe patru farfurii.

Împărțiți creveții în fiecare semicerc de fructe.

Amestecați ingredientele pentru dressing și turnați peste o parte a fructelor pentru a forma un model atractiv. Se presară cu coriandru și se dă la frigider până când este necesar.

49.   **Pui afumat și fructe exotice**

Randament: 1 porție

Îngredient
- 1 pui afumat
- 1 Piele de papaga îndepărtată și tăiată în cuburi
- 1 mango; pielea îndepărtată și tăiată în cuburi
- 2 roșii prune albite; decojite, însămânțate
- 3 ceapa primavara; feliate
- ¼ chili; se îndepărtează semințele și se toacă mărunt
- 2 linguri otet chili
- Crème fraîche
- 2 linguri Coriandru; tocat
- 1 lingura ulei de chili
- 1 lingura otet balsamic

Scoateți toată pielea și oasele de la pui și zarurile. Amesteca mango, papaga, rosiile, ceapa primavara, chili, otetul si putina zeama de lamaie.

Umpleți un inel de 6 cm și 2 cm înălțime cu amestecul de fructe.

Amestecați puiul afumat cu crème fraîche.
Puneți încă un cm pe acesta.

Amestecați în inel. Se presară cu coriandru și se scoate inelul. Se amestecă uleiul de chili, oțetul balsamic și se stropește în jurul lui.

50. Salată de fructe de afine

Randament: 4 porții

Ingredient
- 6 uncii Pachet gelatină de zmeură
- 2 căni de apă clocotită
- 16 uncii Sos de afine gelatinizat
- 8¾ uncie Cană de ananas zdrobită
- ¾ cană suc proaspăt de portocale
- 1 lingura suc proaspat de lamaie
- ½ cana nuci tocate

Se dizolvă gelatina în apă clocotită. Rupeți și amestecați sosul de afine, ananasul nescurcat, suc de portocale, suc de lămâie și nuci.

Se toarnă într-o caserolă mică. Răciți până la fermitate.

Tăiați în pătrate și serviți pe frunze de salată cu sos de salată.

SALATE DE FRUCTE REAMY

51. Salată de cireşe negre cu sos de fructe dulci

Randament: 6 porții

Ingredient
- 2 cani de cirese negre; conservată, fără sâmburi
- 3½ cană de ananas; conservate, tăiate în bucăți mici
- 1 pachet pudră de gelatină de portocale
- ½ lingurita gelatina fara aroma
- Câteva picături de suc de lămâie
- ½ cană de zahăr
- 2 lingurite Faina
- 1 galbenus de ou
- Suc De 1 Lămâie
- ½ cană suc de ananas sau caise
- 1 lingura de sare
- 1 cană smântână grea; biciuit

Înmuiați gelatina fără aromă în 2 linguri de apă rece. Adăugați ½ cană de apă clocotită și amestecați până se dizolvă. Scurgeți fructele de pădure și ananasul. Se toarnă sucul într-o cană de măsurat și se adaugă apă pentru a face 1¾ de cană. Se încălzește sucul și se toarnă peste gelatină de portocale. Se amestecă până se dizolvă.

Combinați amestecurile de gelatină. Răciți într-o tigaie mică.

DRESSING DE FRUCTE DULCE: Combinați zahărul, făina și sarea. Adăugați sucuri de fructe și gălbenuș de ou. Se fierbe la fierbere dublă până se îngroașă. Se raceste si se adauga frisca inainte de servire. Serviți pe o frunză de salată.

52. Salată de fructe de varză cu sos de smântână

Randament: 4 porții

Ingredient
- 2 căni de varză; Crudă, mărunțită
- 1 măr mediu, tăiat cubulețe, fără coajă
- 1 lingura suc de lamaie
- ½ cană de stafide
- ¼ cană suc de ananas
- 1½ linguriță suc de lămâie
- ¼ lingurita Sare
- 1 lingura de zahar
- ½ cană smântână

Pregătiți varza și mărul. Utilizați 1 T suc de lămâie pentru a umezi mărul tăiat cubulețe pentru a preveni întunecarea. Aruncați varza, stafidele și mărul. Amestecați sucuri de fructe, sare și zahăr. Se adauga smantana, se amesteca pana se omogenizeaza; se adauga la salata si se da la rece.

53. Salată de cireșe cu sos de iaurt

Randament: 1 porție

Ingredient
- 2 cani de cirese dulci
- 1 ananas speared mic
- 1 grapefruit segmentat
- 1 portocaliu segmentat
- ½ pepene galben mic
- ½ cană felii de migdale prăjite
- Sos de iaurt cu portocale

Aranjați fructele pe farfuria de servire; se presară migdale. Serviți cu dressing.

54. Salata de fructe cu sos de crema amaretto

Randament: 4 porții

Ingredient
- ¼ de litru de zmeură
- ¼ de litru de afine
- ¼ litru Căpșuni spălate și tăiate la jumătate
- ¼ cană segmente de portocale, tăiate cubulețe
- ¼ cană segmente de grapefruit, tăiate cubulețe
- ¼ de cană de măr Granny Smith, tăiat cubulețe
- ¼ cană struguri verzi
- ¼ cană piersică, tăiată cubulețe
- ¼ cană caise, tăiată cubulețe
- ¼ cană suc de lămâie
- ¼ cană Plus 1 lingură zahăr
- 1 lingurita de menta tocata
- ¼ cană smântână grea
- 2 gălbenușuri de ou
- ¼ cană lichior Amaretto

Se amestecă toate fructele, sucul de lămâie, ceașca de zahăr și menta. Acoperiți și puneți salata la frigider peste noapte.

A doua zi, aducem crema la fiert si dam tigaia deoparte sa se raceasca putin. Bateți gălbenușurile și restul de 2 linguri de zahăr împreună.

Când crema s-a răcit, amestecați amestecul de ouă și zahăr. Strecurați sosul și amestecați lichiorul. Serviți într-un ulcior mic pentru a turna peste salata individuală

55, cocktail de fructe marshmallow

Randament: 1 porție

Ingredient
- 8 uncii topping de LACTE bătut
- 3 cutii (15 oz) de cocktail de fructe în sirop greu
- 2 căni de nucă de cocos fulgi
- 3 cani de mini marshmallows
- 2 cani de stafide
- 2 banane medii

Deschideți conservele și scurgeți siropul. Puneți cocktailul într-un castron MARE. Tăiați bananele în felii de mărimea unei mușcături. Adăugați celelalte ingrediente; amestecând amestecul combinat cu fiecare nouă adăugare. Adăugați toppingul batut ultimul; asigurându-vă că este bine amestecat în tot amestecul.

Răciți câteva ore.

56, Salată de portocale

Randament: 12 porții

Ingredient
- 2 căni de apă clocotită împărțită
- 1 pachet (3 oz) jello de lămâie
- 2 cesti cuburi de gheata, impartite
- 1 pachet (3 Oz) jello de portocale
- 1 conserve (20 Oz) zdrobește ananas
- 2 căni Min. bezele
- 3 banane mari feliate
- ½ cană brânză cheddar măruntită fin
- 1 cană suc de ananas rezervat
- ½ cană de zahăr
- Ou, bătut
- 1 lingura Oleo
- 1 cană smântână pentru frișcă
- 2 linguri amidon de porumb

Se toarnă într-o tavă de copt de 13"x9"x2". Se dă la frigider până se întărește. Se repetă cu gelatina de portocale, cu gheața și apa rămase. Se amestecă bezele. Se toarnă peste stratul de lămâie; se dă la frigider până se întărește. Pentru dressing, combina sucul de ananas, oul de zahăr, amidon de porumb și unt într-o tigaie. Se fierbe la foc mediu amestecând constant până se îngroașă. Se acoperă și se da la frigider peste noapte. A doua zi, aranjați bananele cu frișcă peste jello.
Combinați dressingul cu frișcă; întins peste banane, Presărați cu brânză. Bucurați-vă! 5/4

57. Salată de fructe Calico

Randament: 6 porții

Ingredient
- 1 litru Bucăți de salată verde Ice Berg
- 2 căni Tartă cu mere; Tocat
- 2 banane mari; Taiat
- ½ cană de stafide
- ¼ cană unt de arahide
- 3 linguri Miere
- ¼ cană lapte
- ½ cană sos de salată Miracle Whip

Combinați salata verde și fructele, amestecând ușor pentru a se amesteca.

PENTRU TRASAMENT: Combinați untul de arahide și mierea, apoi adăugați treptat laptele.

Adăugați dressingul și amestecați bine până se omogenizează bine.
Se da la rece până la momentul servirii.

58. Salată cremoasă de fructe

Randament: 6 porții

Ingredient
- 1 cană căpșuni; sferturi
- 1 cană Cantalup; în bucăți
- 6 căpșuni; întreg
- 1 măr; miez și tocat
- 20 de struguri; verde fără semințe
- ½ cană de ananas; în bucăți
- ½ cană secțiuni de mandarine
- 1½ cană Topping
- 2 linguri nuca de cocos; maruntit si prajit

Într-un bol de 2 litri, combinați fructele, cu excepția fructelor de pădure întregi; se acopera cu folie de plastic si se da la frigider pana se raceste bine, cel putin 2 ore.

Pentru a servi: în fiecare dintre cele 6 pahare de parfait sau sundae, puneți 2 linguri de topping bătut* produse nelactate congelate dezghețate) și acoperiți fiecare porție cu ¼ c. amestec de fructe.

Acoperiți fiecare porție de fructe cu 1 l de topping bătut, apoi o cantitate egală de amestec de fructe rămas.

Peste fiecare porție de fructe 1 linguriță de topping bătut, stropește cu 1 t nucă de cocos și ornează cu 1 boabă. 1 porție=116 calorii.

59, salata de fructe Dixie

Randament: 1 porție

Ingredient
- 1½ cană mere delicioase; cubulete 1½ cană de rodii
- ½ cană stafide fără semințe; fiert
- ¼ cană de zahăr
- ¼ cană nuci; tocat
- ¼ cană migdale; tocat
- 1½ cană sos pentru salată cremă;

Combinați toate ingredientele, cu excepția sosului pentru salată cu cremă. Se amestecă ușor cu sosul pentru salată cu cremă.

Lasam la marinat o jumatate de ora la frigider. Serviți pe frunze crocante de salată verde și aveți un fel de mâncare potrivit pentru cei mai pretențioși cunoscători. Unele variații s-au strecurat în rețeta originală și acum găsim alte fructe adăugate. Ananasul, bananele, perele și cireșele cu sâmburi sunt adaosuri comune.

Stafidele fără semințe sunt adesea înlocuite cu struguri proaspeți sau îmbuteliați fără semințe. Frișca simplă, îndulcită, poate fi servită cu combinația de fructe și nuci. „Salata Dixie" s-a dovedit adesea desertul potrivit pentru acel meniu de sărbători.

60. Salată cremoasă de fructe tropicale

Randament: 4 porții

Ingredient
- 1 conserve (15,25 oz) de salată de fructe tropicale; drenat
- 1 banană; feliate
- 1 cană de topping congelat; dezghețat

Într-un castron mediu, combinați toate ingredientele; se amestecă ușor pentru a acoperi.

61, salată de fructe în stil filipinez

Randament: 3 porții

Ingredient
- 1½ cană smântână grea
- Pachet de 8 uncii. cremă de brânză
- 3 cutii de 14 uncii cocktail de fructe, scurse
- 14 fiecare uncie bucăți de ananas, scurse
- 14 fiecare uncie cutie de litchi, scurs
- 1 cană nucă de cocos
- Pachet de 8 uncie migdale tocate
- 1½ cană mere tăiate cuburi

Amestecați smântâna groasă și cremă de brânză până la o consistență netedă ca un sos. Se combină cu alte ingrediente și se amestecă bine, se răcește peste noapte.

Lichiurile pot fi sărite, utilizați cocktail de fructe tropicale în loc de cocktailul obișnuit de fructe, faceți-l patru cutii. Se întâmplă să omit și migdalele.

Filipinezii folosesc ceva numit Nestles Cream, dar nu este ușor de găsit.

62, Salată de fructe cu lămâie

Randament: 1 porție

Ingredient
- 1 pachet (3 oz) amestec de budincă instant de lămâie
- 1 cutie (16 oz) cocktail de fructe, suc inclus
- 1 conserve (14 oz) de ananas zdrobit, suc inclus
- 1 conserve de mandarine, scurse bine
- 1 recipient (8 oz) bici rece, dezghețat
- 1 cană de bezele miniaturale

Combinați totul într-un castron mare. Amesteca bine. Răciți aproximativ 24 de ore înainte de servire. Dacă doriți, puneți într-o tavă de tort în loc de castron. Apoi poate fi tăiat în pătrate pentru servire.

Dacă doriți, pot fi adăugate și nuci, cireșe maraschino și nucă de cocos. Nu, pentru că familiei mele nu-i pasă de asta.

Excelent pentru prânzurile la pachet care vor rămâne la frigider până la ora prânzului.

63. Haupia cu salata de fructe exotice

Randament: 4 porții

Ingredient pentru Haupia:
- 1½ cană lapte de cocos
- 4 până la 6 linguri de zahăr
- 4 până la 6 linguri amidon de porumb
- ¾ cană apă Pentru sos:
- ½ cană suc de fructe ale pasiunii
- 1 cană de zahăr

Pentru salata de fructe: 2 kiwi taiat cubulete
- 1 ananas taiat cubulete
- 1 papaya tăiat cubulețe
- 8 bucăți lychee 1 banană feliată
- 1 mango feliat
- 8 crengute de menta proaspata

Haupia: Turnați laptele de cocos într-o cratiță. Combinați zahărul și amidonul de porumb; se amestecă în apă și se amestecă bine.

Se amestecă amestecul de zahăr în laptele de cocos.

Gatiti si amestecati la foc mic pana se ingroasa. Se toarnă într-o tigaie pătrată de 8 inchi și se răcește până se întărește. Folosind un tăietor de biscuiți tăiați în formă de lacrimă sau stea.

Aduceți ingredientele pentru sos la fiert. Chill. Combinați ingredientele pentru salata de fructe, amestecați cu sosul și lăsați deoparte.

Puneți trei până la patru bucăți de Haupia pe o farfurie rece, aranjați fructele în jur. Se ornează cu mentă proaspătă.

64. Salată de fructe cu dressing de mentă

Randament: 6 porții

Ingredient
- ½ cană iaurt simplu
- 1 lingura Miere; după gust (până la 2)
- 1 lingura Amaretto; după gust (până la 2)
- ½ linguriță extract de vanilie
- 1 lingura de nucsoara
- 2 linguri menta proaspata tocata
- 5 cești pline de fructe proaspete; tăiate în bucăți
- Frunze întregi de mentă pentru ornat

Combinați toate ingredientele pentru dressing într-un castron mic și amestecați până se omogenizează. Combinați fructele într-un bol de amestecare. Adăugați sosul și amestecați bine.

Se transferă într-un bol de servire și se ornează cu frunze întregi de mentă. Acoperiți și răciți scurt înainte de servire.

SALATA DE FRUCTE ALCOOLICE

65. Salată de fructe cu șampanie

Randament: 1 porție

Ingredient
- 8 uncii de brânză cremă
- ½ cană de zahăr
- 12 uncii căpșuni îndulcite; (decongelat)
- 16 uncii ananas zdrobit
- 2 sau 3 banane; tăiate cubulețe
- ½ sau 1 cana nuci tocate
- 1 container mare Cool Whip

Bate crema de branza si zaharul cu mixerul electric

Amesteca totul pana se omogenizeaza bine.

Se presară cu nuci. Se răcește și se servește.

66. Salată de fructe proaspete cu dressing de rom miere

Randament: 6 porții

Ingredient
- 1 lingura ghimbir cristalizat tocat
- ½ cană suc de portocale neîndulcit
- 2 linguri Miere
- ½ linguriță extract de rom
- 2 cesti de capsuni jumatate
- 2 Kiwi; decojite, feliate
- 1 Papaya; decojite, feliate

Într-o cratiță mică, combinați ingredientele pentru dressing. Se încălzește până la fierbere; se ia de pe foc. Se răcește la temperatura camerei.

Într-un castron mediu, combinați fructele. Turnați dressing peste amestecul de fructe; arunca usor. Dați la frigider 1 oră pentru a amesteca aromele, amestecând ocazional.

67. Compot de fructe si vin

Randament: 4 porții

Ingredient
- 4 pere mici
- 1 portocală
- 12 Prune uscate
- baton de scorțișoară de 1 inch
- 2 seminte de coriandru
- 1 cuișoare
- $\frac{1}{4}$ Foaie de dafin
- $\frac{1}{3}$ Pastaie de vanilie
- 4 linguri zahăr tos
- $1\frac{1}{2}$ cană vin roșu bun

Curățați perele, spălați și tăiați portocala în felii de $\frac{1}{2}$ cm ($\frac{1}{4}$ in).

Puneți ușor perele, cu tulpina sus, într-o cratiță. Puneți prunele uscate între pere și adăugați scorțișoară, semințe de coriandru, cuișoare, dafin, vanilie și zahăr ricin.

Acoperiți cu felii de portocală și adăugați vin. Dacă este necesar, adăugați apă, astfel încât să existe suficient lichid pentru a acoperi fructele.

Aduceți la fiert, lăsați să fiarbă și fierbeți perele timp de 25 până la 30 de minute până când se înmoaie. Lăsați fructele să se răcească în lichid.

Scoateți condimentele și serviți fructele și lichidele dintr-un vas de servire atractiv.

68. Salată caldă de fructe

Randament: 1 porție

Ingredient
- 1 cană Fig
- 2 căni de suc de mere
- 4 mere
- ½ cană rom sau coniac
- ¼ cană zahăr brun
- ½ linguriță nucșoară măcinată
- 75 grame unt
- 2 oua
- ½ cană zahăr tos
- 1 lingurita esenta de vanilie
- 1 cană de făină
- 1 lingură rom sau coniac
- Zahăr pudră

Puneți smochinele într-o cratiță cu suc de mere și lăsați la macerat timp de 2 ore.
Curățați merele și tăiați-le în sferturi, îndepărtând miezul. Încinge smochinele cu rom, zahăr brun și mere Se fierbe la foc mic până când merele sunt fragede. Se amestecă nucșoară.
Se serveste cald cu Madeleine de rom.
Pentru madeleine: Ungeți formele de madeleine sau formele mici de tort și pudrați cu făină. Topiți untul și lăsați să se răcească.
Bateți ouăle, zahărul și vanilia până se densează și ușor.
Cerneți făina și pliați prin amestecul de ouă cu unt și rom.
Se coace la 200 C timp de 8 minute.

69, Salată de fructe cu vin alb

Randament: 8 porții

Ingredient
- 2 linguri de zahăr
- ½ cană vin alb sec
- 1½ linguriță coajă de lămâie rasă
- 2 linguri suc proaspăt de lămâie
- 4 căni bile sau cuburi de miere
- 4 cani de bile sau cuburi de cantalup
- 1 cană struguri verzi fără semințe
- Salată verde

Într-un castron de servire puțin adânc, dizolvați zahărul într-un amestec de vin, coaja de lămâie și sucul de lămâie, amestecând constant. Adăugați ușor fructele. Răciți două ore, aruncând din când în când. Se scurge si se serveste pe un pat de salata verde.

70, salată de fructe din Sri Lanka

Randament: 1 porție

Ingredient
- 2 mango; copt
- 1 Papaya; copt
- 1 ananas
- 2 portocale
- 2 banane
- 1 Lime, suc de
- 110 grame apă cu zahăr
- 1 lingurita de vanilie
- 25 mililitri rom

Curățați și tăiați mango, papaya și ananas. Curățați portocalele, îndepărtați sâmburile și împărțiți-le în bucăți. Curățați și feliați bananele și stropiți peste ele cu suc de lămâie pentru a preveni decolorarea.

Amestecați ușor toate fructele într-un castron de salată. Se fierbe zahărul și apa împreună și când zahărul s-a dizolvat se ia de pe foc și se lasă să se răcească. Adaugati esenta de vanilie si rom in siropul de zahar si turnati peste salata de fructe. Se lasa la frigider sa se raceasca inainte de servire.

71. Salată de fructe Mimoza

Randamente: 8

Ingrediente
- 3 kiwi, curatati de coaja si feliati
- 1 c. mure
- 1 c. afine
- 1 c. căpșuni, tăiate în sferturi
- 1 c. ananas, tăiat în bucăți mici
- 1 c. Prosecco, răcit
- 1/2 c. suc de portocale proaspat stors
- 1 lingura. Miere
- 1/2 c. menta proaspata

Într-un castron mare, combinați toate fructele.

Se toarnă Prosecco, sucul de portocale și mierea peste fructe și se amestecă cu grijă.

Se ornează cu mentă și se servește.

72, salata de fructe Mojito

INGREDIENTE
- 4 cani de pepene verde tocat
- 1 lb căpșuni, tocate
- 6 oz zmeură
- 6 oz afine
- 1/4 cană mentă la pachet, tocată
- 1/4 cană suc proaspăt de lămâie
- 3 linguri de zahar pudra

Adauga pepene verde, capsuni, zmeura, afine si menta intr-un castron mare. Amestecați sucul de lămâie și zahărul pudră într-un castron mic, apoi turnați peste fructe și fructe de pădure.

Aruncați ușor cu o spatulă, apoi lăsați la frigider cel puțin 15 înainte de servire, pentru a permite sucurile naturale din fructe să înceapă să iasă.

73, salata de fructe Margarita

Randament: 1 porție

Ingredient

- 1 Pepene galben și pepene galben, tăiate în bucăți
- 2 portocale și grapefruit, curățate și tăiate
- 1 mango, decojit și tăiat cubulețe
- 2 căni de căpșuni, tăiate la jumătate
- ½ cană de zahăr
- ⅓ cană suc de portocale
- 3 linguri Tequila
- 3 linguri Lichior de portocale
- 3 linguri suc de lime
- 1 cană nucă de cocos proaspătă rasă grosier

Combinați fructele, lăsați deoparte. Într-o cratiță mică, gătiți zahărul și sucul de portocale la foc mediu-mare, amestecând, timp de 3 minute sau până când zahărul se dizolvă.

Se amestecă tequila, lichiorul și sucul de lămâie. Se lasa sa se raceasca la temperatura camerei.

Combinați cu fructe. Acoperiți și lăsați la frigider pentru cel puțin două ore sau peste noapte. Chiar inainte de servire se presara cu nuca de cocos.

SALATA DE FRUCTE CONGELATATE

74. Cupe cu fructe congelate pentru copii

Ingrediente

- 5 pachete. Gelatina de lamaie fara zahar
- 10 căni de apă clocotită
- 5 cutii Bucături de ananas neîndulcite
- 5 conserve (11 oz. fiecare) de portocale mandarine, scurse
- 5 cutii concentrat de suc de portocale congelat
- 5 banane mari, ferme, feliate

Într-un castron foarte mare, dizolvați gelatina în apă clocotită; se răcește 10-15 minute. Se amestecă ingredientele rămase. Se pune în cupe de folie

Puneți în forme de cupcake dacă doriți.

Congelați până la fermitate. Scoateți din congelator cu 2030 de minute înainte de servire.

75. Salată cremoasă de fructe congelate

Randament: 12 porții

Ingredient
- ¼ cană de zahăr
- ½ lingurita Sare
- 1½ lingură făină universală
- ¾ cană sirop scurs din fructe
- 1 ou; ușor bătută
- 2 linguri de otet
- 1 cană Scurcat; pere din conserve tăiate cubulețe
- ¾ cană Bucături de ananas scurse
- 2 căni de piure; banane mediu coapte
- ½ cană scurs; cirese maraschino tocate
- 1 cană nuci pecan tocate
- ⅔ cană lapte evaporat
- 1 lingura suc de lamaie proaspat stors

Combinați zahărul, sarea și făina într-o cratiță. Adăugați sirop de fructe, ou și oțet. Gatiti la foc mediu, amestecand continuu pana se ingroasa. Misto.

Adăugați fructele și nucile la amestecul răcit. Răciți laptele evaporat în congelator până când se formează cristale moi de gheață (aproximativ 10 sau 15 minute)

Bateți până se întărește, aproximativ 1 minut. Adăugați suc de lămâie; bateți încă 1 minut pentru a deveni foarte tari. Pliați în amestecul de fructe.

Se pune într-o formă de 6-½ cani unsă ușor cu ulei

76, salata de fructe congelate a bunicii

Randament: 6 porții

Ingredient
- 1 cutie cocktail de fructe
- 1 cutie Jumătăți de caise
- 1 cutie Bucăți de ananas
- 4 uncii de bezele miniaturale
- 1 pachet gelatină nearomatizată
- 4 uncii de cireșe Maraschino
- 4 uncii cremă de brânză moale
- $\frac{1}{2}$ cană sos pentru salată
- $\frac{3}{4}$ cană smântână pentru frișcă, bătută
- Extra caise și mentă

Scurgeți cocktail de fructe, caise și ananas. Puneți fructele într-un bol mare. Adăugați marshmallows. Pus deoparte.
Pune sucurile de fructe într-o cratiță. Se amestecă gelatina. Se pune la foc mediu. Se încălzește, amestecând, până se dizolvă gelatina
Se răcește ușor. Se toarnă peste fructe. Se amestecă cireșele tăiate cubulețe și sucul de cireșe.
Într-un castron separat, amestecați crema de brânză și sosul pentru salată.
Adăugați amestecul de fructe, amestecând bine.
Acoperiți și răciți până se întărește parțial. Incorporati frisca. Transferați într-un vas de servire de 7 1⅕pe 11 inci.
Acoperiți și puneți la congelator 4 până la 6 ore sau peste noapte. Tăiați în pătrate pentru a servi. Se ornează cu caise și crenguță de mentă.

77, Pahare individuale pentru salata de fructe congelate

Randament: 1 porție

Ingredient
- 2 cani de smantana
- 2 linguri suc de lamaie
- ½ cană de zahăr
- 1 conserve de ananas zdrobit; (8 oz) scurs
- 1 banană; tăiate cubulețe
- Colorant alimentar roșu
- ½ cană nuci pecan tocate
- 1 cutie de cireșe fără sâmburi; (16 oz) scurs

Combinați smântâna, sucul de lămâie, zahărul, ananasul, banana și suficient colorant alimentar pentru a nuanța amestecul de roz. Încorporați ușor nuci și cireșe. Puneți cu lingură în cupe de brioșe din hârtie canelată care au fost așezate în forme pentru brioșe. Înghețați solidul.

Scoateți din formele de brioșe și înfășurați bine în folie de plastic. A se păstra la congelator

Decongelați cu aproximativ 15 minute înainte de servire.

Pentru a servi, decojiți paharul de hârtie și puneți-o pe o frunză de salată. Se ornează cu o cireșă.

78, Salată de fructe Jello

Randament: 1 porție

Ingredient
- 1 cutie mare de fructe mixte
- 2 banane, feliate
- Cocktail de fructe, scurs
- Mandarine, scurse
- Bici rece, dezghețat
- Jeleu de căpșuni

Combinați fructele cu biciul rece. Presărați jello (după gust) din pachet în amestec. Se amestecă și se dă la frigider.

79. salată de fructe congelată Kentucky

Randament: 8 porții

Ingredient
- 2 Lămâi; suc de
- ⅛ linguriță de sare
- ¾ cană suc de ananas
- 4 linguri de zahăr
- 3 gălbenușuri de ou
- 3 linguri Faina
- 1 cutie bucăți de ananas
- 1 cutie de cireșe Royal Anne fără semințe
- Puține cireșe Maraschino roșii și verzi tăiate
- 1 cană frișcă
- migdale; opțional
- ¼ de kilograme de marshmallows

Amestecați sucul de lămâie, sarea, sucul de ananas, zahărul, gălbenușurile de ou și făina. Gatiti pana se ingroasa. Misto.
Adăugați bucăți de ananas, cireșe și bezele.
Încorporați frișca.
Umpleți tăvi goale pentru cuburi de gheață și congelați.
Tăiați și serviți pe frunze de salată. Poate fi pregătit cu câteva zile înainte de servire.

80, Salată de fructe pentru copii

Randament: 5 căni

Ingredient
- Cocktail cu fructe de 17 uncii, scurs
- 1½ cană de bezele miniaturale
- 2 banane medii, feliate
- 1 măr mediu, tocat grosier
- 2 linguri suc de lamaie
- ¼ cană cireșe Maraschino, tăiate la jumătate
- 1½ cană Cool whip

Amestecați merele și bananele feliate în sucul de lămâie pentru a nu se întuneca.

Într-un castron mare, combinați toate ingredientele, cu excepția coolwhip-ului. Încorporați ușor coolwhip. Acoperi; se da la rece pana se serveste.

Copiii sapă în asta - cred că este coolwhip-ul de care sunt interesați.

SALATA DE FRUCTE CU PASTE SI CEREALE

81, O miere dintr-o salată de paste-fructe

Randament: 8 porții

Ingredient

- 1½ cană Rotini (paste în formă de spirală)
- ½ cană de stafide
- 1 cană struguri tăiați în jumătate fără semințe
- 2 Sau 3 piersici sau nectarine decojite, tocate
- ½ cană țelină feliată
- ¼ cană nuci prăjite tocate
- Recipient de 4 uncii de cremă de brânză moale
- ¼ de cană de vanilie sau iaurt simplu cu conținut scăzut de grăsimi
- 2 până la 3 linguri de miere
- ½ linguriță coajă de lămâie mărunțită
- 2 linguri suc de lamaie
- 2 linguri Frisca pentru frisca

Gatiti pastele conform instructiunilor de pe ambalaj; se scurge si se raceste.

Între timp, stafide plinuțe, dacă doriți: într-un castron mare, turnați apă clocotită peste stafide

Se lasa sa stea 5 minute. Scurgeți bine. Adăugați struguri, piersici sau nectarine, țelină, nuci și pastele răcite la stafidele scurse.

Într-un castron mediu, combinați crema de brânză, iaurtul, mierea și coaja de lămâie și sucul de lămâie. Bateți cu un mixer electric la viteză medie până când este aproape omogen și bine amestecat. Se amestecă smântâna pentru frișcă.

Turnați dressing peste amestecul de paste; se amestecă pentru a acoperi. Acoperiți și răciți timp de 2 până la 6 ore. Dacă este necesar, adăugați puțin lapte pentru a umezi salata înainte de servire.

82. Salată de orez cu fructe și nuci

Randament: 4 porții

Ingredient
- 125 grame amestec de cereale lungi și orez sălbatic; gătit
- Cutie de 298 grame segmente de mandarine;
- 4 ceapa primavara; feliate în diagonală
- ½ ardei verde; desămânțat și tăiat felii
- 50 de grame de stafide
- 50 de grame de nuci caju
- 15 grame fulgi de migdale
- 4 linguri suc de portocale
- 1 lingura otet de vin alb
- 1 lingura de ulei
- 1 praf de nucsoara
- Sare și piper negru proaspăt măcinat

Pune toate ingredientele pentru salată într-un bol și amestecă bine.

Într-un castron separat amestecați toate ingredientele pentru dressing.

Se toarnă dressingul peste salată, se amestecă bine și transferați într-un vas de servire.

83. Salată de fructe cu nuci

Randament: 4 porții

Ingredient
- 1 fiecare pepene galben
- 2 portocale fiecare
- 1 cană de struguri albaștri
- Frunze de salata verde
- 12 jumătăți de nucă fiecare
- 8 uncii de iaurt
- 1 lingura suc de lamaie
- 1 lingura suc de portocale
- 1 lingura Catsup de rosii
- 2 linguri lapte evaporat
- Sare; Dash
- Piper alb; Dash

Scoateți pepenele galben cu pepene galben. Tăiați coaja de portocale, îndepărtați membrana albă și feliați în cruce. Tăiați strugurii în jumătate și îndepărtați semințele. Tapetați un bol de sticlă cu frunze de salată verde; aranjați bile de pepene galben, felii de portocală, struguri și nuci în straturi deasupra salată verde. Amestecă și amestecă bine toate ingredientele pentru dressing. Ajustați condimentele.
Turnați dressing peste fructe. Lăsați ingredientele pentru salată
marinati 30 de minute. Aruncați salata chiar înainte de servire.

84. Salata de fructe macaroane

Randament: 1 porție

Ingredient
- ¾ cană de zahăr
- 2 oua
- 2 linguri Faina
- ½ lingurita Sare
- 2 cutii medii
- 2 cutii medii
- 12 uncii Bici rece
- Ananas zdrobit
- Mandarine
- Orzo, gătit

Într-o cratiță, amestecați sucul de ananas și portocale cu zahărul, ouăle, făina și sarea. Gatiti pana se ingroasa. Combinați cu orzo. Dați la frigider peste noapte.

Înainte de servire, adăugați fructele și biciul rece.

85, Salata de fructe cu couscous

Randament: 4 porții

Ingredient

- 1½ cană apă
- ¼ lingurita Sare
- 1 cană cușcuș crud
- ½ cană iaurt vanilie fără grăsimi
- ½ linguriță coajă de lămâie rasă
- 1 lingura suc de lime
- 1 lingura Miere
- 4 picături sos de ardei iute
- ½ cană țelină feliată; feliate subțire
- 2 linguri ceapa verde taiata felii
- 2 linguri nuci pecan sparte
- 1 lingura Coriandru tocat
- 2 Decojite; kiwi tocat
- 1 Decojit; mango fără sâmburi, feliat
- 12 căpșuni întregi

Într-o cratiță mică, combinați apa și sarea. Se aduce la fierbere. Se ia de pe foc; se amestecă imediat cușcușul. Acoperi; se lasa sa stea 5 minute.

Pufează cușcușul cu o furculiță; se răcește 20 de minute până la temperatura camerei. Între timp, într-un castron mic, combinați toate ingredientele pentru dressing; amesteca bine.

Într-un castron mediu, combinați țelina, ceapa, nucile pecan, coriandru, kiwi, dressingul și cușcușul; se amestecă ușor pentru a acoperi. Se serveste imediat sau se da la frigider pana la momentul servirii.

Pentru a servi, puneți amestecul de cușcuș în 4 farfurii Aranjați decorativ felii de mango și căpșuni în jurul amestecului de cușcuș.

86. Salată de fructe și bulgur

Randament: 5 porții

eugredient

- 3 căni de apă
- ½ cană de mazăre galbenă
- ¾ cană Bulgur nefiert
- ¾ cană apă clocotită
- 1 cană mere Red Delicious; Tocat
- ¼ cană Merișoare uscate
- ¼ cană curmale tăiate fără sâmburi
- ¼ cană iaurt simplu cu conținut scăzut de grăsimi
- 2 linguri Lămâie
- ¼ lingurita Sare
- ¼ linguriță pudră de curry
- 11 uncii de mandarine în lumină
  5 linguri migdale tocate; Prăjită

Aduceți 3 căni de apă și mazăre despicată la fiert într-o cratiță. Reduce caldura; gătiți, neacoperit, 30 de minute sau doar până când mazărea despicată este fragedă. Scurgeți bine; pus deoparte. Combinați bulgurul și ¾ de cană de apă clocotită într-un castron mare.

Acoperiți și lăsați să stea 30 de minute. Adăugați mazăre, măr, merișoare și curmale; amesteca bine. Combinați iaurtul, sucul de lămâie, sarea și curry și adăugați la amestecul de bulgur, amestecând bine. Se amestecă ușor portocalele. Top
salata cu migdale prajite

87. Salată de fructe cu nuci

Randament: 4 porții

Ingredient
- cate 1 pepene galben; mic
- 2 portocale fiecare
- 1 cană struguri albaștri
- Frunze de salata verde
- 12 jumătăți de nucă fiecare
- 8 uncii de iaurt
- 1 lingura suc de lamaie
- 1 lingura suc de portocale
- 1 lingura catsup de rosii
- 2 linguri lapte evaporat
- Sare; liniuță
  Piper alb; liniuță

Scoateți pepenele galben cu pepene galben. Tăiați coaja de portocale, îndepărtați membrana albă și feliați în cruce.

Tăiați strugurii în jumătate și îndepărtați semințele. Tapetați un bol de sticlă cu frunze de salată verde; aranjați bile de pepene galben, felii de portocală, struguri și nuci în straturi deasupra salată verde. Amestecă și amestecă bine toate ingredientele pentru dressing. Reglați condimentele. Turnați dressing peste fructe. Lăsați ingredientele pentru salată la marinat timp de 30 de minute.

88. Salată cu fructe alb și orez sălbatic

Randament: 12 porții

Ingredient
- 1½ cană de orez alb; nefierte
- 1⅓ cană orez sălbatic; nefierte
- 1 cana telina tocata
- 1 cană ceapă verde; feliate subțire
- ¾ cană afine uscate
- ¾ cană caise uscate; tăiat
- ¼ cană supă de pui
- ¼ cană oțet de vin roșu
- ¼ cană ulei de măsline
- 2 lingurițe de muștar de Dijon
- ½ lingurita Sare

  ½ lingurita Piper

1 cană nuci pecan; prăjită și tocată

Gatiti orezul separat, conform instructiunilor de pe pachete. Scurge bine orezul sălbatic. Când se răcește, amestecați țelina, ceapa verde, merisoarele uscate și caise uscate. Acoperiți și dați la frigider.

Combinați ingredientele pentru dressing într-un borcan acoperit și agitați bine. Se pune la frigider. Agitați pansamentul pentru a se amesteca. Se toarnă peste amestecul de orez. Adăugați nuci pecan și amestecați pentru a acoperi și amestecați.

89, salata de paste și fructe de ton Joan Cook

Randament: 4 porții

Ingredient
- 1 conserve de ton cu canola
- Ulei
- 2 căni de paste de coajă fierte
- 2 cani de fructe proaspete
- Strugurii
- jicama
- ardei gras
- 1 lingura ceapa dulce, tocata
- 1 (6 oz) iaurt cu vanilie
- ½ linguriță pudră de curry
- 1 lingura suc de lime
- 1 lingură rădăcină de ghimbir
  Seminte de mac pentru decor

Scurge tonul și separa-l în bucăți mici. Se amestecă fructele, pastele, ceapa și tonul. Amestecați bine ingredientele pentru dressing. Amestecați ușor sosul cu fructe, paste și ton. Presarati cu mac, daca doriti.

Servit rece.

90, Salata de fructe cu mac

Randament: 1 porție

Ingredient
- ½ Cantalup
- 1 ananas dulce
- 300 de grame de struguri verzi fără semințe
- 300 de grame de struguri violet fără semințe
- 1 Punnet de afine
- 1 Punnet de căpșuni
- 1 Mango
- 2 linguri seminte de mac
- 2 linguri seminte de susan
- 3 linguri de miere de Beehive Co
- 1 lingura otet balsamic
  2 linguri smantana
- 5 linguri suc de portocale
- 2 lime și suc

Curățați și tăiați pepenele galben, ananasul și mango în bucăți mari. Spălați fructele de pădure și strugurii și adăugați-le în vasul cu fructe.
Amestecați toate ingredientele pentru dressing până la omogenizare, apoi amestecați cu fructele.
Se amestecă cu susan și mac și se răcește.

DESERTURI SALATE DE FRUCTE

91, salata de fructe Ambrosia

Randament: 20 porții

Ingredient
- 2 conserve de mandarine; drenat
- 2 ananas; bucatele, scurse
- 2 banane fiecare; feliate
- 2 căni de struguri; verde sau roșu fără semințe
- 2 iaurt de vanilie
- 1 cană migdale; cioplit
  2 căni de nucă de cocos; fulgi
- 2 cani de marshmallows; mini

Se amestecă toate ingredientele și se răcește.

92, salata de fructe Valentine

Randament: 1 porție

Ingredient
- 1 conserve Pere
- ½ cană scorțișoară roșie
- 3 linguri de otet
- Salată verde
- 1 cutie de ananas feliat
- ½ cana nuci tocate
- 1½ cană cremă de maioneză

Scurgeți perele, la siropul de pere adăugați scorțișoară roșie și oțetul aduceți la fiert. Tăiați fiecare jumătate de peră în formă de inimă și fierbeți în sirop 20 de minute, răciți. Pune jumătate de peră, cu partea goală în jos, pe frunza de salată. Tăiați ananasul în bucăți mici și aranjați-l în jurul perelor. Presărați nuci în jurul marginii salatei pentru a da un efect de dantelă. Serviți maioneza într-un bol separat.

Îndoiți maioneza în ⅓ cană de smântână groasă, bătută.

93. Salată de fructe la cuptor supremă

Randament: 4 porții

Ingredient
- 16 uncii bucăți de ananas în suc
- 1 lingura Tapioca
- 1 măr; tăiate cubulețe
- 1 portocală; decojite și tăiate cubulețe
- 4 linguri suc de ananas congelat
- 2 albușuri
- $\frac{1}{8}$ lingurita crema de tartru
- $\frac{1}{2}$ lingurita de vanilie
- 2 pachete NutraSweet

Aduceți sucul de ananas rezervat și tapioca la fiert până se îngroașă.
Combinați concentratul de suc de mere, ananas, portocale și ananas congelat.
Se amestecă bine pentru a acoperi fructele cu sucul îngroșat.
Cu lingura de fructe în 4 feluri individuale de copt pentru sufle
Bate albusurile spuma pana se formeaza varfuri moi.
Adăugați vanilie. Învârtiți albușurile spumă peste salata de fructe, grămadu-l gros și întindeți-l pe marginile vaselor.
Puneți în cuptorul preîncălzit la 450 de grade F. timp de 4 până la 5 minute până când bezeaua se rumenește ușor.

94. Desert salata de fructe

Randament: 8 porții

Ingredient
- 1 pachet (10 oz) căpșuni congelate în sirop ușor, dezghețate
- 1 pachet (8 oz) de iaurt cu conținut scăzut de grăsimi de vanilie
- 1 linguriță rădăcină de ghimbir decojită
- 1 Cantalup mediu
- 1 galță de căpșuni
- 3 prune mari violete
- 1 mango mare
- 4 Kiwi mari
- $\frac{1}{2}$ litru de afine
- Garnitura: crengute de menta proaspata

În blender sau robot de bucătărie cu lama de cuțit atașată, amestecați căpșunile dezghețate, iaurtul și ghimbirul până la omogenizare. Acoperiți și lăsați la frigider până când sunt gata de servire.

Tăiați pepenele galben în bucăți de $1\frac{1}{2}$". Cojiți căpșuni; feliați fiecare în jumătate. Tăiați prunele nedecojite în felii de $\frac{1}{2}$".

Cu un cuțit ascuțit, tăiați o felie longitudinală din mango de pe fiecare parte a seminței lungi și plate; puneți deoparte secțiunea care conține sămânța. Curățați pielea de bucățile tăiate și tăiați mango-ul în bucăți de $1\frac{1}{2}$". Tăiați pielea din secțiunea de mango rezervată și tăiați-o cu grijă din semințe în bucăți.

Într-un castron mare, combinați ușor pepenele galben, căpșunile, prunele, mango, kiwi și afinele. Acoperiți cu folie de plastic și dați la frigider până când sunt gata de servire.

95. Salată pufoasă de fructe

Randament: 12 până la 16

Ingredient

- 2 conserve (20 oz. fiecare) de ananas zdrobit
- ⅔ cană zahăr
- 2 linguri făină universală
- 2 ouă fiecare, ușor bătute
- ¼ cană suc de portocale
- 3 linguri suc de lamaie
- 1 lingura ulei vegetal
- 2 cutii de cocktail de fructe
- 2 conserve de mandarine, scurse
- 2 banane fiecare, feliate
- 1 cană smântână groasă, bătută

Scurgeți ananasul, rezervând 1 cană de suc într-o cratiță mică. Pune ananasul deoparte. În cratiță, adăugați zahăr, făină, ouă, suc de portocale, suc de lămâie și ulei.

Se aduce la fierbere, amestecând continuu. Se fierbe 1 minut; se ia de pe foc si se lasa sa se raceasca. Într-un castron de salată, combinați ananasul, cocktailul de fructe, portocalele și bananele. Incorporati frisca si sosul racit.

Răciți câteva ore.

96, Salată de fructe înghețată

Randament: 9 porții

Ingredient
- 2 cani de zahar
- $\frac{1}{8}$ linguriță sare
- 4 căni de zară
- 1 lingurita vanilie
- 1 cutie de ananas zdrobit
- 1 cutie de cocktail de fructe

Într-un castron mare, combina zahărul, sarea, zara și vanilia până se amestecă bine.

Se amestecă ușor fructele scurse. Se toarnă într-o tavă pătrată de 9 inchi.

Congelați până la fermitate

97. Salată de fructe în mănunchiuri de crep

Randament: 4 porții
Ingredient
- 1 cană făină universală nealbită
- 1 lingura de zahar
- Vârf de cuțit de sare
- 1⅔cană lapte cu conținut scăzut de grăsimi
- ½ măr, decojit, fără semințe și tăiat cubulețe
- ½ para, curatata de coaja, fara samburi si taiata cubulete
- 1 cană Căpșuni sau zmeură, piure
- Coaja de 1 portocală, tăiată
- 2 ouă mari
- 3 linguri de unt nesarat
- ½ cană de ananas tăiat cubulețe
- ½ cană smântână grea, aromată cu
- ¼ lingurita extract de vanilie
- Angelica tăiată în fâșii de 1 inch
- Frunze de menta

Pregătiți crepele: într-un castron mare cerneți făina, zahărul și sarea și faceți o fântână în centru. Bateți laptele în făină treptat, până se omogenizează. Adaugă ouăle pe rând, amestecând rapid până se încorporează. Se amestecă untul și se lasă aluatul să stea la temperatura camerei timp de 30 de minute.

Se încălzește o tigaie antiaderentă de 10 inchi la foc mediu-mare până se încinge, se adaugă ⅓C aluat și se rotește tigaia până când aluatul acoperă suprafața într-un strat uniform. Gatiti pana se formeaza bule de crepe deasupra, intoarceti si gatiti 30 de secunde. Scoateți crep din tavă și păstrați-l cald în cuptor la temperatură scăzută. Repetați procesul cu aluatul rămas.

Pregătiți umplutura: Într-o tigaie antiaderentă, la foc mediu, adăugați măr, pere și ananas și căliți până se încălzește. Scoateți tigaia de pe foc și lăsați deoparte.

98. Salată de parfait de fructe

Randament: 3 porții

Ingredient
- 1 cutie mare de ananas zdrobit
- 1 cutie umplutură de plăcintă cu cireșe
- 1 poate Milnot
- 1 cutie mare de Cool Whip

Poate fi consumat moale sau ușor congelat, dar după părerea mea are un gust mai bun ușor congelat.

De asemenea, puteți înlocui alte umpluturi de plăcintă, cum ar fi mure, piersici, afine etc.

99, Salată de fructe Gumdrop

Randament: 10 porții

Ingredient
- 1 cană smântână pentru frișcă
- 2½ cană Bucături de ananas, scurse
- 2 căni de struguri fără semințe
- 2 cani de bezele miniaturale
- ¾ cană Gumdrops (Omiteți Bomboanele negre), tăiate fin
- 1 borcan (4 oz) cireșe Maraschino, tăiate
- ½ cană nuci pecan tocate
- ½ cană suc de ananas
- ¼ cană de zahăr
- 2 linguri Faina
- ¼ lingurita Sare
- 3 linguri de suc de lamaie
- 1½ linguriță de oțet

Bateți smântâna și amestecați toate ingredientele. Adăugați dressingul răcit și lăsați-l la frigider peste noapte.

Amestecați toate ingredientele într-o cratiță și gătiți până se îngroașă, amestecând constant. Se răcește înainte de a adăuga în salată.

100, parfait glace de alune

Randament: 8 porții
  Ingredient
- 6 gălbenușuri de ou
- 150 mililitri sirop de zahăr
- 3 lingurite de cafea instant, dizolvata
- 12 Smochine uscate
- 12 Prune
- 1 lămâie, cu zeamă și zestă
- 1 portocală, suc și zestă
- 30 de alune
- 150 de grame de zahăr
- 2 linguri de apă clocotită
- 100 de grame de nuga de alun, topit usor
- 600 mililitri Smântână îngroșată, bate tare
- 4 cuișoare
- 8 boabe de piper sparte
- 1 boabe de vanilie, despicată fără semințe
- Câteva picături de suc de lămâie
- Apă

Glace: Bate galbenusurile si 150 ml de sirop pana devine spuma. Se pune la foc ușor și se bate până se îngroașă. Acum puneți peste gheață și bateți până se răcește, adăugând esența de cafea. Se adauga nugaua topita si la final crema. Se transformă într-o formă de pâine și se îngheață.

Salată de fructe de iarnă: Acoperiți fructele cu apă clocotită pentru a-i lăsa să se umfle. Adăugați sucul de lămâie și portocale strecurate în siropul de zahăr rezervat, împreună cu boabele de vanilie. Leagă coaja de lămâie și portocală, cuișoare și boabe de piper într-o pungă de muselină și adaugă la sirop.

Se aduce la fierbere, ajustând dulceața cu puțină apă în plus. Gatiti 20 de minute. Adăugați smochinele și prunele uscate și fierbeți încet încă 20 de minute. Se lasa sa se raceasca.

CONCLUZIE

A face cea mai bună salată de fructe necesită puțină planificare, dar este simplu de făcut!

Pregătirea unei salate grozave de fructe funcționează cel mai bine atunci când respectați câteva reguli simple și asigurați-vă că alegeți fructele potrivite și dressing-ul potrivit pentru a obține exact tipul de salată de fructe dorită. Oricine poate face o salată de fructe grozavă!

www.ingramcontent.com/pod-product-compliance
Lightning Source LLC
Chambersburg PA
CBHW070402120526
44590CB00014B/1220